# Il diario di lettura

flower-ed

© 2017 flower-ed, Roma

ISBN 978-88-85628-09-0

flower-ed.it
flower-ed.it/blog
facebook.com/floweredpage
instagram.com/casa_editrice_flowered

## Titolo

---
---
---

## Autore

---
---
---

## Edizione

---
---
---

## Inizio e fine della lettura

---
---
---

# Le frasi più belle

# Appunti e riflessioni

## Titolo

_____

_____

_____

## Autore

_____

_____

_____

## Edizione

_____

_____

_____

## Inizio e fine della lettura

_____

_____

_____

# Le frasi più belle

# Appunti e riflessioni

## Titolo

---

## Autore

---

## Edizione

---

## Inizio e fine della lettura

---

# Le frasi più belle

# Appunti e riflessioni

## Titolo

---
---
---
---

## Autore

---
---
---
---

## Edizione

---
---
---
---

## Inizio e fine della lettura

---
---
---
---

# Le frasi più belle

# Appunti e riflessioni

## Titolo

---

## Autore

---

## Edizione

---

## Inizio e fine della lettura

---

# Le frasi più belle

# Appunti e riflessioni

## ⤳ Titolo ⤴

---

---

---

## ⤳ Autore ⤴

---

---

---

## ⤳ Edizione ⤴

---

---

---

## ⤳ Inizio e fine della lettura ⤴

---

---

---

# Le frasi più belle

# Appunti e riflessioni

## Titolo

---
---
---

## Autore

---
---
---

## Edizione

---
---
---

## Inizio e fine della lettura

---
---
---

# Le frasi più belle

# Appunti e riflessioni

## ❧ Titolo ❧

_____

_____

_____

## ❧ Autore ❧

_____

_____

_____

## ❧ Edizione ❧

_____

_____

_____

## ❧ Inizio e fine della lettura ❧

_____

_____

_____

_____

# Le frasi più belle

# Appunti e riflessioni

## Titolo

---
---
---

## Autore

---
---
---

## Edizione

---
---
---

## Inizio e fine della lettura

---
---
---

# Le frasi più belle

# Appunti e riflessioni

## Titolo

---
---
---

## Autore

---
---
---

## Edizione

---
---
---

## Inizio e fine della lettura

---
---
---

# Le frasi più belle

# Appunti e riflessioni

## Titolo

_____
_____
_____

## Autore

_____
_____
_____

## Edizione

_____
_____
_____

## Inizio e fine della lettura

_____
_____
_____

# Le frasi più belle

# Appunti e riflessioni

## ∽ Titolo ∾

---

---

---

## ∽ Autore ∾

---

---

---

## ∽ Edizione ∾

---

---

---

## ∽ Inizio e fine della lettura ∾

---

---

---

---

# Le frasi più belle

# Appunti e riflessioni

## Titolo

---

---

---

## Autore

---

---

---

## Edizione

---

---

---

## Inizio e fine della lettura

---

---

---

# Le frasi più belle

# Appunti e riflessioni

## Titolo

_____

_____

_____

## Autore

_____

_____

_____

## Edizione

_____

_____

_____

## Inizio e fine della lettura

_____

_____

_____

# Le frasi più belle

# Appunti e riflessioni

## Titolo

---
---
---
---

## Autore

---
---
---
---

## Edizione

---
---
---
---

## Inizio e fine della lettura

---
---
---
---

# Le frasi più belle

# Appunti e riflessioni

# La scrittura nel tempo

## 1. Le origini della comunicazione scritta

Lo sviluppo culturale dell'uomo è stato spesso accompagnato dall'innata facoltà di comunicare. Gli strumenti della comunicazione hanno caratterizzato e trasformato le diverse epoche storiche, a partire da quelle più arcaiche nelle quali videro la luce le prime forme di comunicazione scritta. La scrittura, nata presumibilmente per risolvere delle esigenze economiche, si è accresciuta di tutte quelle esperienze, conoscenze, sensibilità umane che l'hanno portata poi a esprimere le forme letterarie più alte. Accanto alla scrittura viaggia sempre il linguaggio umano, studiato nella sua efficacia sin dal periodo classico in Grecia e a Roma.

Andiamo a esplorare, allora, la nascita della scrittura, creazione del genio umano, alcune delle sue forme antiche più note e gli strumenti utilizzati per conservare le informazioni nella memoria collettiva e per diffondere la cultura. Solo studiando e conoscendo le radici della comunicazione possiamo essere in grado di conoscere le trasformazioni che sono avvenute nel corso del tempo e che hanno portato la nostra società a essere così come la conosciamo oggi.

# 2. La scrittura

La scrittura consiste in una serie di segni grafici utilizzati per descrivere in maniera sistematica una lingua parlata.

Le iscrizioni più antiche sono quelle che si trovano su alcuni oggetti, ritrovati in Egitto e in Mesopotamia, della fine del IV millennio a.C. Queste iscrizioni, quindi la scrittura, segnano convenzionalmente l'inizio della storia, che segue la preistoria e la protostoria, ossia quelle fasi in cui l'uomo non aveva ancora sviluppato questa forma di comunicazione. Naturalmente anche per le ere più arcaiche esistevano forme di comunicazione visiva, ma si trattava di disegni e di rappresentazioni che non esprimevano singole parole.

Le prime forme di scrittura consistevano in un largo numero di pittogrammi che rappresentavano parole o sillabe. Via via il loro numero si ridusse, fino ad arrivare alla concezione dell'alfabeto: un processo che non avvenne in breve tempo né tanto meno in modo semplice e uniforme nelle diverse aree geografiche.

La storia della scrittura è estremamente affascinante, poiché in essa è racchiusa la genialità umana e ciascuna forma contiene lo spirito della popolazione che se ne servì per esprimersi e della sua cultura.

La parola incisa sulla pietra e nella terracotta, tracciata sul papiro, sulla pergamena e poi sulla carta ha dato inizio al processo di socializzazione dell'umanità, collegando civiltà e culture diverse, oltrepassando i limiti dei clan e dei villaggi. Ma l'altro fondamentale aspetto è quello di aver permesso all'uomo di trasmettere nel tempo conoscenze e acquisizioni, potenziando lo sviluppo delle generazioni a venire.

Senza dilungarmi troppo sulla storia della scrittura, voglio comunque ricordare i due gruppi principali di iscrizioni e citare qualche esempio.

Al primo gruppo appartengono le iscrizioni su materie dure, che venivano incise con degli strumenti appuntiti. Per fare degli esempi, possiamo ricordare le iscrizioni votive su oggetti dedicati alle divinità, i graffiti, le iscrizioni tombali e gli epitaffi con i nomi propri e, alcune volte, con qualche informazione sui defunti e le stele erette dai sovrani per ricordare degli eventi importanti.

Alla seconda tipologia appartengono, invece, i documenti scritti con l'inchiostro su materiale duro, come gli ostraca, recanti soprattutto liste di nomi, annotazioni e lettere private, o su materiale flessibile, come i papiri, sui quali ritroviamo lettere private e ufficiali, documenti legali e composizioni letterarie.

Lo sviluppo della scrittura è studiato esaminando la forma delle lettere e la loro evoluzione. A seconda degli ambiti in cui i documenti furono prodotti, la scrittura fu utilizzata in modo diverso: secondo schemi più conservativi nell'ambiente templare e palatino, più liberi e rapidi nel caso di una produzione a scopo amministrativo.

Alla fine del IV millennio a.C. si svilupparono nell'area mesopotamica e in quella egiziana le prime due forme di scrittura, quella cuneiforme e quella geroglifica. In entrambe le aree sussisteva un tipo di economia centralizzata di gestione dei raccolti: per questo motivo si rese necessario ideare uno strumento nuovo in grado di registrare le entrate e le uscite e di contabilizzare i beni prodotti dai possedimenti terrieri.

Questo strumento rimase retaggio di una classe in particolare, quella elitaria degli scribi, sia agli albori della scrittura, sia nelle fasi successive in cui essa si sviluppò per raggiungere altri scopi. Gli scribi erano iniziati alla scrittura sin da giovanissimi e il percorso di studi che dovevano affrontare era assai difficile e complesso, dovendo essi conoscere le regole della grafia tradizionale e, in alcuni casi, i misteri degli scritti sacri.

La scrittura cuneiforme è costituita da segni grafici a forma di cuneo, rappresentazione astratta e stilizzata della realtà. Sistema di scrittura inventato dai Sumeri, fu utilizzato per rappresentare anche altre lingue, come l'accadico, l'elamita, l'hittita, l'urarteo e il luvio cuneiforme. Esso si trova alla base anche degli alfabetari di Ugarit e dell'antico persiano.

La trasformazione da una forma grafica precedente a questa è la dimostrazione lampante del livello culturale raggiunto nell'area mesopotamica, potendo esprimere anche concetti difficilmente trascrivibili con gli ideogrammi. L'insieme dei segni comprendeva circa 550 caratteri, di cui 250 usati più comunemente.

La scrittura geroglifica egiziana è un sistema di scrittura che comprende caratteri sillabici e fonetici (come in un alfabeto), ideogrammi (rappresentanti una parola) e determinativi (i quali indicano la categoria semantica di una parola, ossia l'ambito generale a cui essa appartiene) per un totale di circa 800 caratteri. L'orientamento dei segni geroglifici può essere lineare o incolonnato. I geroglifici scritti in orizzontale vanno letti secondo l'orientamento delle figure: se sono rivolte a destra la lettura è da destra verso sinistra e viceversa. Nel caso in cui fossero scritti in verticale vanno letti dall'alto verso il basso.

Fu proprio in Egitto che la classe degli scribi ricoprì un ruolo di primissimo piano nell'amministrazione dei beni e nella gestione del potere politico e religioso. Esisteva persino una figura di scriba che aveva il compito di seguire il faraone nelle sue imprese belliche e redigere la cronaca degli eventi allo scopo di esaltare la figura del sovrano e di umiliare quella del nemico, in ogni caso. Si tratta di una delle prime forme di comunicazione politica, gestita in una forma scritta e figurativa, destinata quindi sia all'ambiente colto che sapeva leggere le iscrizioni, sia al popolo non istruito che poteva solo contemplare quelle rappresentazioni.

## 3. L'origine dell'alfabeto

L'origine dell'alfabeto costituisce un tema centrale negli studi epigrafici e paleografici, eppure gli inizi del nostro tipo di scrittura rimangono ancora avvolti nell'oscurità, nonostante le molte scoperte avvenute nel secolo scorso.

Sin dall'antichità ci si interrogò su questo argomento e, generalmente, si riteneva che fossero stati i Fenici a inventare e diffondere l'alfabeto; gli autori greci e latini, però, usavano questo appellativo in un'accezione più ampia della nostra. In età più moderna si considerò l'alfabeto come diretto discendente della scrittura cuneiforme o del geroglifico egiziano.

Senza passare in rassegna le diverse teorie e addentrarci nei risvolti ideologici necessariamente implicati con alcune di esse, possiamo confermare che la zona siro-palestinese, l'antica terra di Canaan, fu l'area in cui l'alfabeto si sviluppò, affiancando i due tipi di scrittura utilizzati maggiormente in quella regione, quella cuneiforme e quella geroglifica. Per quanto riguarda la data di invenzione del sistema consonantico e dei 22 segni grafici dell'alfabeto, si può pensare a un periodo non troppo anteriore al 1500 a.C.

Un aspetto a mio parere estremamente affascinante è quello che riguarda la sequenza dei segni. Rimasta all'incirca la stessa fino ai giorni nostri, e non segue un criterio fonetico e neppure grafico. In base a cosa è stato costituito?

Il fatto di ritrovarne la prima parte in iscrizioni di tipo funerario e in sostituzione della formula "per sempre" implica un concetto di eternità. La sequenza dei segni, dunque, è legata a una nozione temporale, anche se in quel caso si fa riferimento al tempo oltre la morte, calendariale, come propose Alessandro Bausani, uno dei massimi orientalisti, individuando nell'alfabeto le diverse stazioni lunari, gli equinozi e i solstizi. Esso fu dunque espressione di una cultura urbana a base agricola e del suo sentimento religioso.

L'alfabeto fu introdotto in Grecia con apporti diversi di ambito "fenicio": la scrittura greca nacque intorno al IX sec. a.C. subendo, dunque, anche influenze aramaiche e filistee. Il sistema di scrittura vicino-orientale fu integrato con l'aggiunta dei segni vocalici e, pertanto, alla luce di questo fatto, è quello greco a poter essere definito il primo alfabeto in senso letterale: l'alfabeto è infatti un sistema di scrittura fonetico in cui a ciascun segno corrisponde un suono. Esso non esprime dei significati attraverso le immagini, ma solo attraverso i suoni: questo è un passo decisivo verso l'astrazione, dove le parole sono indicate da una serie di fonemi. Da esso furono creati poi quello etrusco e quello latino, attualmente il più diffuso al mondo.

L'invenzione della scrittura ha portato a delle conseguenze inaspettate, che hanno reso l'uomo in grado di guardare alla realtà in maniera analitica e a ragionare in modo razionale, allo sviluppo della civiltà non solo da un punto di vista economico, ma anche in quello legislativo e letterario.

# 4. I supporti e gli strumenti

I pittogrammi più arcaici furono tracciati sulle pareti delle caverne e sulle pietre, ma con l'evoluzione della scrittura si svilupparono anche nuove forme di supporto: si pensi soprattutto alle tavolette d'argilla, incise di segni cuneiformi con una canna dalla punta tagliata e poi cotte, in Mesopotamia, e alle foglie di papiro, opportunamente lavorate, in Egitto.

I papiri erano ottenuti sovrapponendo e incrociando delle strisce ricavate dalla pianta, molto diffusa nel Delta, e su di essi i segni erano tracciati con una canna dalla punta tagliata e con inchiostro nero o rosso. Sul papiro si poteva scrivere da una parte sola e i fogli si avvolgevano attorno a una bacchetta di legno: di qui la parola volume derivata dal latino *volvere*.

Soprattutto in terra egiziana, nel corso del tempo non si abbandonò l'uso di scrivere sulle pareti, anche se ormai si trattava soprattutto dei muri di pietra delle tombe e dei templi. Ancora nell'area mediterranea era diffuso l'utilizzo degli *ostraka* sui quali si scriveva a sgraffio. La pratica dello sgraffio era utilizzata, sia nel mondo greco che in quello romano, su tavolette di legno imbiancate (*dealbatae*) o incerate, affinché potessero essere riutilizzate. La parola codice deriva dal latino *caudex*, poi contratto in *codex*, tronco di albero, che indica l'unione di due tavolette ottenuta da una striscia di cuoio o da anelli metallici; tre tavolette tenute insieme costituivano il *tripticus*, più tavolette il *polipticus*.

Oltre a questi supporti realizzati con materie dure, si utilizzarono anche materiali flessibili. Accanto alle già citate foglie di papiro, si utilizzarono le foglie di palma, il lino e, naturalmente, la pergamena, detta anche cartapecora, ottenuta dalla lavorazione di pelli animali opportunamente conciate.

La pergamena trae il suo nome da quello di Pergamo, città dell'Asia Minore, dove, secondo le fonti classiche, tale supporto fu creato per sostituirlo al papiro; nel II sec. a.C., infatti, Tolomeo Filadelfo ne vietò l'esportazione per timore che la biblioteca di Pergamo superasse in prestigio quella di Alessandria, allora uno dei centri culturali più fiorenti. Rispetto al papiro essa presentava il vantaggio di poter essere scritta su entrambe le facce e quindi di poter essere raccolta assieme ad altre pergamene a formare un codice, ma il suo costo era molto elevato.

Su codici di pergamena scrissero anche i monaci del Medioevo, trascrivendo la maggior parte della letteratura latina a noi pervenuta. I codici pergamenacei medievali ci hanno tramandato, infatti, quasi tutta la letteratura latina che attualmente conosciamo. Furono soprattutto i monaci degli *scriptoria* dei più grandi monasteri a occuparsi della copiatura dei testi. Essi utilizzarono anche un inchiostro rosso a base di minio (donde il nome "miniatura"), d'oro, d'argento e altri colori, per decorare i testi e per le lettere iniziali. Lo scriba di quell'epoca utilizzava diversi strumenti: l'inchiostro, conservato nell'*atramentarium*, il *calamarium*, ossia il contenitore di calami, la *spongia deletilis*, che serviva a cancellare il testo dalla pergamena, e, infine, la pomice, che serviva a levigare sia la pergamena stessa, sia la punta del calamo.

Il primo foglio di carta fu prodotto nel II sec. a.C. dal dignitario cinese Ts'ai Lun per mezzo di un impasto fatto di fibre vegetali tratte dal gelso e dal bambù. Egli aveva notato che, a seguito del lavaggio di panni molto logori da parte di alcune donne, si era formato uno strato fibroso a pelo d'acqua; dopo averlo raccolto lo fece asciugare al sole: una volta che l'impasto ebbe preso una certa consistenza e il classico colore bianco, egli ebbe l'idea di scriverci sopra.

Fu solo nell'VIII sec. d.C. che la carta giunse in Europa, per mano degli arabi. Essi avevano fatto prigionieri alcuni cinesi fabbricanti di carta, ne appresero l'arte e la migliorarono; a partire dalla Spagna essa si diffuse quindi in Italia e poi nel resto del continente. In Italia, a Fabriano in particolar modo, la carta ebbe una buona sorte. I maestri fabrianesi apportarono numerosi perfezionamenti nella collatura, nella gelatina, nella filigrana. Verso la fine del Medioevo, l'Italia divenne il Paese europeo che fabbricava la maggiore quantità di carta, per mezzo delle fibre vegetali contenute negli stracci di cotone e di lino. Il procedimento di fabbricazione della carta rimase all'incirca il medesimo fino all'Ottocento.

A partire dal XII secolo alle istituzioni ecclesiastiche si affiancarono le prime università e le prime botteghe di copisti professionisti, con una conseguente diffusione della cultura anche nel mondo laico. Tra il XIV e il XV secolo i testi antichi erano copiati su richiesta del clero e dei principi laici, i quali diedero vita a delle ampie collezioni private, base di future e ancor più ampie biblioteche, come quella Vaticana e quella Laurenziana di Firenze.


## 5. L'invenzione della stampa

L'esigenza di riprodurre lo stesso testo in più copie fu affrontata sin dall'antichità, ma fu alla metà del XV secolo che si affermò in Europa. Secondo la tradizione fu Gutenberg a inventare la stampa a caratteri mobili; della prima opera tipografica da lui eseguita a Magonza, una

Bibbia di 1282 pagine, ne risultano ancora in circolazione quarantanove esemplari, copie uniche miniate e rubricate a mano.

Da qui la tecnica della stampa si diffuse nel giro di pochi anni in tutta Europa, un evento che coincise con la fine del Medioevo e l'avvento dell'età moderna.

Oltre che alla nuova strumentazione, la stampa è legata a un senso estetico, pratico e culturale del tempo. In Germania, ad esempio, prevaleva un gusto gotico al quale Gutenberg si conformò nella forma delle lettere. In Italia, invece, predominava il carattere tondo ereditato dall'Umanesimo. Ci furono persino artisti veri e propri che si dedicarono alla fusione e all'incisione dei caratteri, fra cui Claude Garamond. Il Garamond è uno dei caratteri più utilizzati in editoria ed è quello che state leggendo in questo momento. Il tipografo è un artigiano di grande perizia tecnica, ma allo stesso tempo è anche un intellettuale che conosce i testi classici latini e greci e gli autori più moderni, come Dante, Petrarca e Boccaccio.

Le opere a stampa di questo periodo sono dette incunaboli e possiedono caratteristiche che le rendono identificabili: pagine a larghi margini per postille e miniature; spazi bianchi per il miniatore che disegnava le lettere iniziali; formato grande secondo il modello del codice degli amanuensi; al termine del volume è presente il *colophon* con il nome dello stampatore, la data e il luogo di stampa.

L'invenzione della stampa è stata una rivoluzione culturale che non solo ha portato la possibilità di moltiplicare il numero dei libri disponibili, ma ha anche agevolato nuovi gruppi sociali alfabetizzati a comparire sulla scena culturale europea, attraverso uno strumento che fissava un testo in maniera definitiva, che permetteva una larga diffusione e che era meno costoso dell'antico manoscritto. In questo modo, la cultura uscì dalla cerchia ristretta in cui era relegata per raggiungere anche le nuove classi sociali, come quella della borghesia, addentrarsi sempre di più nella coscienza delle persone e, nel tempo, divenire la base della cosiddetta opinione pubblica, insieme a quelle che saranno le tecnologie d'immagine, come il cinema, l'animazione e la fotografia.

*Michela Alessandroni*

# flower-ed

*Nella radice, per la quale ha vita il fiore*

Casa editrice flower-ed
www.flower-ed.it

www.ingramcontent.com/pod-product-compliance
Lightning Source LLC
Chambersburg PA
CBHW051259170626
46809CB00004B/1726